UNIVERSITÉ DE FRANCE.

ACADÉMIE DE STRASBOURG.

THÈSE
POUR LA LICENCE,

PRÉSENTÉE

A LA FACULTÉ DE DROIT DE STRASBOURG

ET SOUTENUE PUBLIQUEMENT

LE VENDREDI 24 AOUT 1849, A QUATRE HEURES,

PAR

FRÉDÉRIC SCHÜTZENBERGER,

de Strasbourg (Bas-Rhin).

STRASBOURG,

DE L'IMPRIMERIE D'ÉDOUARD HUDER, RUE DES VEAUX, 27.

1849.

A MON PÈRE ET A MA MÈRE.

Tribut d'amour filial.

A MON ONCLE

M. C. SCHÜTZENBERGER,

PROFESSEUR A LA FACULTÉ DE MÉDECINE.

Hommage d'amitié.

F. SCHÜTZENBERGER.

FACULTÉ DE DROIT DE STRASBOURG.

MM. Rauter ✻ . . . . . . doyen et professeur de procédure civile et de
législation criminelle.

Hepp ✻ . . . . professeur de Droit des gens.

Heimburger . . . . professeur de Droit romain.

Thieriet ✻ . . . . . professeur de Droit commercial.

Aubry ✻ . . . . . . professeur de Droit civil français.

Schützenberger ✻ . professeur de Droit administratif.

Rau . . . . professeur de Droit civil français.

Eschbach . . . . . professeur de Droit civil français.

Blœchel ✻ . . . . . professeur honoraire.

Destrais . . . . . . professeur suppléant.

N. N. . . . . professeur suppléant.

Wernert . . . . secrétaire, agent comptable.

MM. Eschbach, président de la thèse.

Eschbach,
Rauter,
Hepp,
Destrais. } examinateurs.

La Faculté n'entend ni approuver ni désapprouver les opinions particulières au candidat.

JUS ROMANUM.

DE DOMICILIO.

DE DOMICILIO GENERALITER.

Domicilium est triplex, accidentale, naturale, commune.

Accidentale domicilium vocatur, quod cuique voluntate sua vel juris necessitate constituitur.

Naturale domicilium est quod filiusfamilias in loco unde pater originem suam trahit, habet.

Commune domicilium omnium Romanorum est urbs, nam omnes Romæ conveniri possunt quamdiu in civitate sua non contraxerunt. (L. 2, § 4, D. de judiciis); Roma communis nostra patria est, dicit Modestinus. (L. 33, D. ad municipalem.)

His positis, nostram materiam in tribus partibus dividimus. In prima agitur de domicilio accidentali, in secunda de domicilio naturali, in tertia de communi.

S.　　　　　　　　　　　　　　　　　　　1

PARS PRIMA.

De domicilio accidentali.

Domicilium accidentale, ut jam diximus, constituitur vel voluntate, vel juris necessitate.

In primo casu, nihil est impedimento, quominus quis ubi velit habeat domicilium, quod ei interdictum non est. (L. 31, D. ad municipalem.)

In secundo autem casu propter necessitatem domicilium non mutari licet, præsumitur enim semper in loco certo esse.

Domicilium sic describitur in lege septima codicis de incolis : « Domici-« lium incolas facit. Et in eodem loco singulos habere domicilium non ambi-« gitur, ubi quis larem, rerumque fortunarum ac suarum summam constituit; « unde rursus non sit discessurus , si nihil avocet, unde cum profectus est, « peregrinari videtur ; quod si rediit, peregrinari jam destitit. »

§ I.

De domicilio voluntario.

Ut domicilium voluntarium in loco constituatur, duæ conditiones requiruntur, habitatio et animi destinatio ; nam domicilium re et facto transfertur non nuda constestatione. (L. 20, ad municipalem.)

Prima conditio, quæ est habitatio, omnibus patet, sed non sola sufficit, nam hi qui tantum in oppido marantur, non incolæ sunt sed advenæ. (L. 239, § 2, D. de verborum significatione.)

Secunda conditio est animus , in loco habitationis domicilium ponendi , quod apparet ex verbis vel ex factis; quum ex verbis nulla est controversia, sed non idem est quum ex factis.

Quænam sunt facta ex quibus constat animus? Habitatio sola non domicilium constituit, attamen quum decem annis in loco quis commoratus est præsumitur animus ibi domicilium constituendi ; etiam quum in hoc loco venit studiorum causa, nam absurdum est ultra decem annos alicubi versari studiorum causa, nisi manifesto appareat, animum studendi, et revertendi in primo domicilio aliquem habere. (L. 2, C. de incolis.)

Præsertim apparet animus quum quis in municipio, negotia sua semper agit, in illo semper vendit, emit, contrahit, eo in foro, balineo, spectaculis utitur; ibi dies festos celebrat ; omnibus denique municipii commodes fruitur. (L. 27, § 1, D. ad municipalem.)

Tamdiu animus in loco commorandi non constat non ibi constituitur domicilium, alterum servatur.

Igitur quum quis in loco agros vel domum possidet, ibidem non ad munera compelli potest, quia sola domus vel agri possessio, incolam non facit. (L. 4, C. de incolis.)

Eadem ratione omnes qui, ex temporali causa, in aliquo loco morantur non ibi domicilium constituunt, velut qui mercatus, legationis, studiorum causa locum habitant. (L. 2, C. de incolis.)

Quæritur an quis duplex domicilium habere possit quum in duobus locis negotiatur, habitat eo modo ut non dici possit in quo commorandi habet animum? tunc duplex domicilium hunc habere putamus. (L. 5 et 27, ad municipalem.)

Sine domicilio quis etiam esse potest, hoc procedit si quis domicilio relicto, naviget, vel iter faciat, quærens quo se conferat. (L. 27, § 2, ad municipalem.)

§ II.

De domicilio necessario.

Quædam personæ propter juris necessitatem domicilium alicubi habent, tales sunt :

1º Relegatus, in eo loco, in quem relegatus est interim necessarium domicilium habet (L. 22, 27, § 3, ad municipalem), attamen peracto tempore relegationis, proprium sibi rursus constituere domicilium potest, quum restitutionem obtinet.

Deportati vero semper domicilium in loco deportationis servant. Bona eorum fisco vindicantur, et quæ juris civilis sunt non habent, propter quod domicilium proprium non habere possunt (L. 17, § 1, D. de pœnis, l. 8, C. de pœnis).

2º Mulieres. Matrimonium, ut dicit Modestinus, est maris atque fœminæ conjunctio, individuam vitæ consuetudinem continens; hac individua vitæ consuetudine idem exigitur domicilium inter virum ac mulierem. Jus Romanum hujus principii veritatem in pluribus legibus agnoscit; legitur enim in lege 38 ad municipalem : « Imperatores Antoninus et Verus rescripserunt, mulierem quamdiu nupta est incolam ejusdem civitatis videri, cujus maritus est et ibi unde originem trahit non cogi muneribus fungi.

Quæ vero solum desponsa est, ante contractas nuptias domicilium non mutat (L. 32, ad municipalem); sed domicilium mariti mulier non illius morte amittit, vidua etiam privilegia mariti retinet, et forum sortitur.

Domicilium matrimonii aliis solummodo intervenientibus nuptiis mutatur (L. 22, § 1, ad municipalem).

Mulieres quæ se dederunt in non legitimum matrimonium servant suum domicilium et ibi muneribus funguntur unde ortæ sunt (L. 37, § 2, D. ad municipalem).

3º Miles necessarium domicilium habet ubi meret, si nihil in patria possidet, quia tunc animus ibi commorandi præsumitur (L. 23, princi, D. ad municipalem).

4º Libertini filiique eorum domicilium vel originem sequuntur patronorum (L. 6, § 3 et l. 22 ad municipalem).

5º Senatores domicilium Romæ habent, quod, *domicilium dignitatis vocatur* in lege 8, C. de incolis, attamen pristinum domicilium originis et habitationis quoad honores sed non quoad munera servant (L. 23, ad municipalem, l. 11, § 3 et 9, D. de senatoribus).

§ 3.

De effectibus domicilii accidentalis.

Transimus nunc ad effectus domicilii accidentalis.

Qui domicilium suum in loco constituit, hujus loci fit incola, propter hoc :

1° Ad subeunda munera publica hujus loci cogitur, nec incolatui renunciare potest nisi perfecto munere (L. 27, D. ad municipalem, l. 1, C. de municipibus originariis, l. 34, D. ad municipalem).

2° Magistratibus parere debet apud quos incola est (L. 29, D. ad municipalem).

3° Municipali jurisdictioni in municipio subjectus est (L. 29, ad municipalem).

4° Quum quis se negat incolam esse, apud præsidem provinciæ agere debet, sub cujus cura est ea civitas a qua vocatur ad munera propter incolatum, non apud eam, ex qua ipse se dicit oriundum esse (L. 37, ad mumunicipalem).

PARS SECUNDA.

De domicilio originis.

Domicilium originis est in loco unde originem trahimus, ubi municipes sumus, quod servamus etiam quum voluntate nostra, domicilium verum alibi constituimus.

Originem patris si hic juctus, vel matris justo patre quum caremus, sequimur.

Quum quis adoptatur adoptivi patris originem etiam sequitur, quia novis quoque muneribus per adoptivum patrem adstringitur (L. 17, D. ad municipalem).

Domicilium originis duplicem producit effectum :

1° Quod civis originarius vel municeps, in domicilio originis ad munera municipum et honores vocari potest etiam si proprium sibi constitueret domicilium (L. 1, C. de municipiis et originariis, l. 5 et 6, C. de incolis).

2° Quod idem, municipali juridictioni in utroque municipio subjicitur (L. 29, l. ad municipalem).

PARS TERTIA.

De domicilio communi.

Domicilium commune omnium civium romanorum est urbs, nam Roma communis eorum patria est (L. 33, ad municipalem).

Hoc domicilium efficit, ut quilibet Romæ convenire possit seque defendere ibi cogatur; quum in urbe præsens est et ibique reperiretur, revocandi domum jus non habet (L. 2, § 4 et 5, l. 24, D. de judiciis); hoc jus in quibusdam solum dabatur casibus, quum quis propter necessariam causam Romam venesset, veluti legationis causa, domum revocare legato licebat, quum ante legationem contraxerat (L. 2, § 4, de judiciis).

DROIT CIVIL FRANÇAIS.

DU DOMICILE.

GÉNÉRALITÉS.

Nous venons d'exposer les principes du Droit romain sur le domicile. Ils passèrent presque intégralement dans notre ancienne législation, mais y acquirent une importance toute nouvelle par l'influence que la conquête des barbares avait *exercée* sur la constitution de l'ordre social et politique des Gaules.

Elle avait introduit dans ce pays de nouvelles coutumes, personnelles d'abord aux divers membres de chaque race, les diverses législations se localisèrent peu à peu, les pays de Droit écrit se séparèrent des pays de Droit coutumier, chaque province finit par avoir *ces* statuts spéciaux.

Les questions de domicile eurent une portée beaucoup plus considérable, car le domicile servit alors à déterminer la législation applicable à chaque personne.

La révolution, en complétant l'œuvre de la royauté, soumit la France à une organisation politique unitaire. Elle fit disparaître les barrières qui séparaient les provinces les unes des autres , et exerça une puissante influence sur la législation civile, dont l'uniformité devait être une conséquence nécessaire du nouvel état de choses.

La violence des passions politiques et les dangers extérieurs auxquels fut exposée la France pendant les premières années de la révolution ne permirent pas de réaliser immédiatement ce but.

Le retour de temps plus calmes ramena les esprits vers cette idée, l'œuvre entreprise par les premières assemblées du siècle dernier fut reprise sous le premier consul. Une législation unique et conforme aux besoins de l'époque vient régir les rapports de la vie civile de tous les Français.

Les règles sur le domicile perdirent beaucoup de leur importance ; mais les devoirs que chaque membre de la société a à remplir , les droits qu'il a à exercer exigeaient néanmoins qu'on les fixât.

La connaissance exacte du domicile est encore souvent nécessaire , bien qu'il ne détermine plus quelle 'législation il faut appliquer à raison du lieu que l'on habite ; il fixe le lieu où le citoyen doit remplir les formalités relatives à son état civil, où il doit recevoir les significations et les citations, il fixe le tribunal qui doit connaître des affaires personnelles où l'on est défendeur.

Ces principes généraux posés, nous définirons le domicile en général de la manière suivante :

« Le lieu ou une personne est sous le rapport de ses droits et de ses « obligations réputée toujours présente, quoique de fait elle n'y réside pas» (Zachariæ, t. Ier, § 141).

DES DIFFÉRENTES ESPÉCES DE DOMICILE.

Les droits de chaque Français sont de deux espèces : ils sont ou civils ou politiques.

Les droits civils doivent leur naissance à la loi civile , ils dérivent des rapports privés de l'homme avec ses semblables.

Les droits politiques, au contraire, naissent du droit constitutionnel qui les confère au citoyen pour lui permettre de participer à la
nomination des membres du pouvoir social.

L'exercice de ces deux classes de droits peut avoir lieu en des lieux
différents ; le domicile politique est donc distinct du domicile civil.

Nous ne traiterons pas du domicile politique, il est du ressort des
lois constitutionnelles.

Le domicile civil est ou général ou spécial, selon que la présomption de présence d'un individu dans un lieu déterminé s'étend à la
généralité des droits et obligations de cette personne en matière civile,
ou seulement à l'exercice de certains droits, ou à l'exécution de certaines obligations. Nous traiterons, dans deux parties séparées, du domicile général et spécial. Le domicile général est de droit ou réel selon qu'il est attribué par la loi à certaines personnes, ou qu'il résulte
d'une acquisition volontaire.

PREMIÈRE PARTIE.

DU DOMICILE GÉNÉRAL.

GÉNÉRALITÉS.

§ 1er.

Des caractères du domicile général.

Pour déterminer le lieu où un individu pouvait toujours être réputé présent le législateur devait prendre en considération des caractères de nature, à faire aussi souvent que possible concourir la fiction avec la réalité des choses. Il devait s'attacher au lieu en faveur duquel les probabilités de présence seraient le plus fortes.

Dominé par les besoins de la vie, l'homme réside le plus fréquemment au lieu de siége de sa fortune, au centre de ses affaires, au lieu de son principal établissement; il était donc naturel et logique de considérer ce lieu comme devant être celui du domicile; ce principe si vrai, reconnu déjà par la législation romaine, a été sanctionné par l'art. 102 du Code civil qui porte :

« Le domicile de tout Français, quant à l'exercice de ses droits « civils, est au lieu où il a son principal établissement.»

Mais il n'est pas toujours facile de reconnaître d'une manière certaine le lieu ou une personne a fixé son principal établissement; il arrive souvent qu'elle ait plusieurs établissements d'une égale importance, qu'elle y réside alternativement. Pour décider en pareil cas quel est le lieu du domicile, il faut s'attacher aux diverses circonstances de fait qui peuvent se présenter; quoiqu'il en soit, on ne peut jamais avoir plus d'un domicile général; l'unité du domicile général est incontestable; le Droit français établit sous ce rapport une dérogation importante au Droit romain.

§ 2.

Des personnes qui peuvent avoir un domicile en France.

Le domicile civil est celui où une personne exerce ses droits civils; pour avoir ce domicile, il faut donc avoir l'exercice des droits civils.

Les Français seuls et les étrangers autorisés à cet effet par le président de la République, pourront donc avoir ce domicile.

L'autorisation d'onnée à un étranger profite à sa femme ainsi qu'à ses enfants, car l'exercice de la puissance paternelle et de l'autorité maritale sont des droits civils.

CHAPITRE PREMIER.

Du domicile de droit.

GÉNÉRALITÉS.

Il y a certaines personnes auxquelles la loi, à raison de causes spéciales, a cru devoir assigner leur domicile, ce domicile est appelé *domicile de droit;* il est toujours au lieu désigné par la loi.

La présomption légale de domicile est une de celles qui ne peuvent être détruites par la preuve contraire, elle repose sur quatre motifs différents, selon les personnes auxquelles un domicile est attribué.

Lorsqu'il s'agit du domicile des fonctionnaires publics et des majeurs qui travaillent habituellement ou servent chez autrui, la présomption de domicile repose sur une élection présumée.

Lorsqu'il s'agit du domicile des mineurs et des interdits, la cause de la présomption de domicile est l'incapacité de ces personnes de gérer elles-mêmes leur fortune, incapacité qui leur fait attribuer domicile chez celui qui les représente dans les actes de la vie civile.

La présomption de domicile de la femme mariée a pour motif la nature spéciale des liens créés par le mariage entre les époux.

La présomption de domicile qui existe à l'égard des personnes juridiques et morales, repose sur la nature même de ces personnes, leur unité juridique étant le résultat d'une fiction légale, la loi elle-même devait déterminer leur domicile.

SECTION PREMIÈRE.

DU DOMICILE DE DROIT DES PERSONNES QUI LEUR EST ATTRIBUÉ EN VERTU DE LEUR ÉLECTION PRÉSUMÉE.

§ 1er.

Du domicile des fonctionnaires.

Tout citoyen qui accepte des fonctions inamovibles, est censé renoncer à son ancien domicile, le lieu où il remplit ses fonctions devient de plein droit celui de son domicile (art. 107).

Ainsi les évêques et les archevêques transfèrent leur domicile au siége épiscopal de leur diocèse; les curés et les pasteurs au lieu où ils exercent leurs ministères; les magistrats, dans la ville du tribunal où ils doivent siéger.

La translation de domicile est censée opérée à partir du moment où ils ont manifesté leur acceptation des fonctions à l'aide du serment. Lorsqu'il ne s'agit que de fonctions temporaires ou révocables, leur acceptation n'emporte pas translation de domicile (art. 106); mais le changement de résidence, opéré par suite de cette acceptation, peut être une ces circonstances de nature à faire présumer l'intention de changer de domicile dans le sens de l'art. 105.

La distinction établie entre les fonctionnaires révocables et inamovibles, quant à l'objet qui nous occupe, est parfaitement rationnelle; le fonctionnaire inamovible est, à raison des fonctions qu'il accepte, obligé de se fixer à perpétuelle demeure, au lieu ou il doit les remplir, il doit donc aussi être présumé y établir son domicile, c'est-à-dire le siége principal de ses affaires.

Le fonctionnaire révocable, au contraire, ne se fixe pas à perpétuité au lieu où il exerce ses fonctions, car pouvant être révoqué à chaque instant, la loi ne pouvait exiger de lui le déplacement du siége de sa fortune ni l'ériger à son égard en présomption légale.

§ 2.

Du domicile des majeurs, servant ou travaillant habituellement chez autrui.

Les majeurs ou mineurs émancipés qui servent ou travaillent habituellement chez autrui, et qui habitent la même maison que celui chez lequel ils travaillent, y seront censés domicilié (art. 109).

La rédaction de l'art. 109 qui fixe ce domicile, est aussi nette que précise, il exige trois conditions pour l'attribution de domicile.

1° Il faut que la personne, servant ou travaillant habituellement chez autrui, soit majeure, on aurait pu étendre la disposition aux mineurs émancipés qui, sous le rapport du domicile, sont à assimiler aux majeurs. Le mineur ou la femme mariée même servant et demeurant chez autrui, ne peuvent avoir de domicile chez cette personne, car la loi leur attribue un domicile de droit particulier.

2° Il faut qu'il y ait habitation dans la même maison, un garde-chasse ou un vigneron habitant une maison séparée, quoique appartenant au maître qu'ils servent, ne saurait être considérés comme domiciliés chez celui-ci.

3° Il faut un service ou un travail habituel chez les personnes avec lesquelles on habite.

La nature du travail ou du service n'exerce à cet égard aucune influence; ainsi, un intendant, un commis-négociant qui habite la même maison que celui pour lequel il travaille, y a son domicile aussi bien qu'un domestique.

SECTION II.

DU DOMICILE DE DROIT DES PERSONNES QUI N'ONT PAS LA GESTION DE LEURS AFFAIRES ET QUI LEUR EST ASSIGNÉ CHEZ LA PERSONNE QUI GÈRE CELLES-CI.

§ 1er.

Du domicile des mineurs.

Nous parlerons d'abord du domicile des enfants légitimes, puis nous passerons à celui des enfants naturels.

Le mineur non émancipé aura son domicile chez ses père et mère, ou chez son tuteur (art. 108).

Ce domicile sera toujours celui du père même lorsque les époux seront séparés de corps, il est chargé par la loi d'administrer les biens de ses enfants, il est donc tout naturel qu'ils aient leur domicile auprès de lui.

Lorsque le père vient à décéder, ou à être frappé de mort civile, le mineur aura son domicile chez sa mère lorsqu'elle est tutrice; lorsqu'elle n'accepte pas la tutelle qui lui est déférée par la loi, le mineur aura son domicile chez son tuteur, à partir du moment où il aura été nommé : quant à la résidence, il en est autrement, car on ne pourrait sans injustice priver une mère de ses enfants.

Le domicile de droit du mineur chez son tuteur, n'est relatif qu'aux actes de la vie civile de celui-ci, mais ne peut nullement modifier les effets de son domicile originaire, quant au lieu où doit se faire la convocation de conseil du famille, et quant à la compétence du juge de paix qui doit faire cette convocation; elle aura toujours lieu à l'endroit ou la tutelle s'est ouverte et par le juge de paix de ce lieu, cette manière d'interpréter l'art. 406, combiné avec l'art. 108 du Code civil, est à la fois rationnelle et conforme aux intérêts réels du pupille, qui a ordinairement sa fortune et les parents qui font partie du conseil de famille à son domicile originaire.

L'enfant naturel reconnu a pour domicile celui de son père, lorsqu'il a été reconnu par lui, ou celui de sa mère, lorsque la reconnaissance n'émane que de cette dernière.

Quand il n'a pas été reconnu, il a pour domicile l'hospice qu'il habite ou la maison de la personne qui le soigne.

§ 2.

Du domicile des interdits.

L'interdiction est judiciaire ou légale.

L'interdiction judiciaire a pour effet de placer le majeur qui en est frappé, dans la même position qu'un mineur.

Le jugement qui la prononce, est rendu dans le but de protéger et de sauvegarder les intérêts civils du malheureux, qui est frappé de la démence, il lui enlève l'exercice de droits, dont il est reconnu incapable d'user avec discernement, et confie la gestion de sa fortune à un tuteur, le siége de ses intérêts civils doit donc également être chez son tuteur.

L'interdiction légale est déterminée par d'autres motifs, l'incapacité qu'elle crée est une peine accessoire d'une peine principale; malgré cela, elle produit néanmoins des effets analogues à ceux de l'interdiction judiciaire. Les intérêts mêmes des héritiers de l'interdit exigeaient que l'on pourvût à l'administration de ses biens. Aussi l'art. 29 du Code pénal exige-t-il la nomination d'un curateur à l'interdit, curateur chez lequel le condamné sera censé avoir son domicile.

SECTION III.

DU DOMICILE DE DROIT DE LA FEMME MARIÉE QUI EST FONDÉE SUR LA NATURE SPÉCIALE DES LIENS CRÉÉS PAR LE MARIAGE ENTRE LES ÉPOUX.

La femme mariée n'a point d'autre domicile que son mari (art. 108).

La règle posée par l'art. 108 a pour motifs la nature de l'union conjugale, et les rapports respectifs qu'elle établit entre les époux. Elle est absolue; ainsi, la femme ne peut avoir d'autre domicile que son mari, même de son consentement exprès ou tacite, le régime, sous lequel les époux sont mariés, n'exerce même aucune influence à cet égard. Ce principe ne peut cesser de recevoir son application que dans une hypothèse, la séparation de corps.

La séparation de corps, quoique laissant subsister les liens du mariage, modifie les rapports des époux, et les modifie de manière à laisser à la femme le droit d'acquérir son domicile distinct de celui de son mari. Car elle lui permet de remplir les deux conditions nécessaires pour opérer un changement de domicile

Le droit d'habiter un autre lieu lui est accordé par le jugement de séparation de corps, elle peut aussi légalement avoir l'intention de fixer son principal établissement au lieu de son habitation, car la séparation de corps entraîne la séparation de biens, elle rend à la femme l'administration de sa fortune, et lui accorde même certains droits de disposition.

La puissance qui reste au mari, et notamment le droit qu'il a d'accorder ou de refuser son autorisation à sa femme, lorsqu'elle veut passer certains actes, ne nous semblent pas de nature à exiger un domicile commun pour les deux époux.

L'opinion que nous croyons devoir adopter, est admise par beaucoup d'auteurs, la jurisprudence elle-même l'a consacrée.

SECTION IV.

DU DOMICILE DE DROIT ATTRIBUÉ AUX PERSONNES JURIDIQUES ET MORALES.

Les personnes juridiques et morales comme les individus, peuvent avoir des obligations à remplir et des droits à exercer, mais comme l'unité de ces personnes n'est que le résultat d'une abstraction juridique, il fallait que la loi elle-même déterminàt leur domicile.

Les principales personnes juridiques et morales sont :

1° L'état, 2° les communes, 3° les sociétés de commerce, 4° les établissements publics.

1° *Du domicile de l'État.* Les intérêts nombreux et variés de l'État exigent qu'il en confie la gestion à des mandataires, qui sont les administrations publiques représentées par leurs chefs, l'État est donc censé domicilié au siége des diverses administrations qui le représentent. Tel est le principe général, dont les trois premiers aliénas de l'art. 59 ne sont que des applications. Ainsi, lorsqu'il s'agit des domaines de l'État et des droits qui y sont relatifs, l'État est censé avoir son domicile chez le préfet du département où les domaines sont situés. Quant aux intérêts de son trésor il est censé domicilié au bureau de l'agence du trésor, c'est là que devront être signifié toutes les demandes quant au transfert des rentes et les oppositions en paiement du traitement des fonctionnaires.

2° *Du domicile des communes.* Les communes seront censées domiciliées chez le maire et à Paris chez le préfet de la Seine, car c'est ce fonctionnaire qui représente la commune comme personne morale.

3° *Du domicile des établissements publics.* Ils ont leur domicile au siége de leur administration, car c'est à ce lieu qu'ils sont reputés avoir leur principal établissement.

S.   3

4º *Du domicile des sociétés de commerce.* Les sociétés de commerce sont des personnes morales distinctes des associés qui les composent, ce principe est reconnu par la loi elle-même qui a fixé le lieu de leur domicile. Le domicile varie suivant l'espèce de la société. Celui de la société anonyme est toujours dans la maison sociale, c'est là où elle doit être assignée.

Les sociétés en commandite ont leur domicile dans la maison sociale, s'il y en a une, où chez chacun des associés, gérants et responsables, puisque seuls ils représentent la société aux regards des tiers.

Lorsqu'il s'agit d'une société en nom collectif, elle est domiciliée dans la maison sociale, où s'il n'y en pas, chez chacun des associés.

CHAPITRE II.

Du domicile réel.

GÉNÉRALITÉS.

Nous avons vu dans quelles circonstances la loi attribue à certaines personnes un domicile général, lorsque les causes qui nécessitent cette attribution n'existent pas à l'égard d'une personne, elle peut établir son domicile où elle veut, et le changer aussi souvent qu'elle voudra, c'est du domicile considéré sous ce point de vue que nous allons parler dans ce chapitre.

La présomption de présence de la personne en un lieu déterminé résultera non de la loi, mais de la volonté même de cette personne.

Le domicile ainsi envisagé est désigné en droit sous le nom de *domicile réel*, nous le définirons de la manière suivante. Le lieu où une personne est toujours réputée présente, quant à ses droits et à ses devoirs civils, en vertu de l'intention qu'elle a d'y avoir son principal établissement.

SECTION PREMIÈRE.

DE L'ACQUISITION DU DOMICILE RÉEL.

Le texte du Code civil ne contient aucune disposition sur la manière dont s'acquiert le domicile, il indique seulement les règles de son changement.

Ce silence s'explique facilement par la lecture des discussions du Code.

Les auteurs de notre législation sont partis de l'idée qu'il ne pouvait jamais y avoir lieu à acquisition de domicile, puisque chaque personne a un domicile d'origine, imbus de cette pensée ils rayèrent du projet une disposition ainsi conçue : « Le domicile se forme par l'intention jointe au fait d'une habitation réelle. »

Le point de vue où on s'est placé ne nous semble pas exact. Il y a souvent des circonstances où a lieu une véritable acquisition de domicile ; l'enfant né de parents français domiliés à l'étranger, l'étranger qui veut fixer son domicile en France, acquièrent en réalité un domicile.

Hâtons-nous cependant de le dire, cette lacune ne présente aucun inconvénient, puisque les règles sur le chengement de domicile s'appliquent parfaitement à son acquisition. Nous ne traiterons pas spécialement ces règles dans cette section, nous renvoyons à cet égard à la section qui traite du changement du domicile.

SECTION II.

DE LA MANIÈRE DONT SE CONSERVE LE DOMICILE.

Le domicile une fois acquis se conserve aussi longtemps que l'on n'a pas manifesté l'intention de le changer, «le domicile se conserve par la seule intention,». portait le projet du Code.

Ce principe, si clair, si naturel, qu'on n'a pas cru nécessaire de l'exprimer dans la loi, n'en est pas moins fécond en conséquences pratiques. Ainsi, le jeune soldat qui se rend sous le drapeau conserve son ancien domicile, puisqu'on présume en lui l'intention d'y revenir dès que son devoir le lui permettra.

L'accusé, transféré hors de son domicile et qui est frappé de mort civile, conserve son ancien domicile jusqu'à l'exécution de son arrêt, car jusque-là il peut être présumé avoir l'intention de le conserver.

Le déporté par mesure politique est également présumé conserver son ancien domicile.

SECTION III.

DU CHANGEMENT DE DOMICILE.

Le changement de domicile est sa translation d'un lieu dans un autre.

Le changement qui intéresse non-seulement la personne qui en est l'auteur, mais encore les tiers, ne se présume pas facilement; pour l'opérer, il faut deux conditions dont la réunion est toujours nécessaire : savoir l'habitation réelle dans un autre lieu jointe à l'intention d'y fixer son principal établissement.

Examinons successivement chacune de ces conditions, ainsi que les caractères exigés pour qu'elles puissent exister.

1° L'habitation dans un autre lieu doit être réelle, c'est-à-dire sérieuse ; ainsi le transport de quelques meubles ne pourrait la constituer, mais elle n'est soumise à aucune condition de durée, et l'habitation, quelque courte qu'elle soit, jointe à l'intention, opère toujours translation de domicile.

2° L'intention de fixer le principal établissement au lieu que l'on habite.

Cette intention doit être certaine et non équivoque ; du moment qu'elle est douteuse il faut pencher en faveur du non changement.

La preuve de l'intention résulte soit de déclarations expresses ou des circonstances (art. 105 et 106).

La déclaration expresse du changement de domicile doit être faite à la municipalité du lieu que l'on quitte et à celle du lieu où l'on établit son nouveau domicile ; elle forme alors la preuve complète et irréfragable de l'intention.

Lorsqu'elle n'est faite qu'à l'une des deux municipalités, il peut y avoir doute pour les tiers. Quant au changement de domicile, la preuve établie ne sera pas complète et la déclaration ainsi faite ne constituera qu'une circonstance dans le sens de l'art. 106. Les juges pourront en induire l'intention de changer de domicile pour les tiers, comme ils pourront refuser de le faire, cela dépendra des circonstances particulières de la cause.

A défaut de déclaration expresse, la preuve de l'intention dépendra des circonstances.

La loi a énoncé ici un principe général, sans énumérer aucune des circonstances de nature à faire supposer l'intention, son but se comprend facilement ; elle a voulu laisser au juge la libre appréciation des faits ; mais si elle n'a pas cru devoir énoncer les circonstances de nature à faire supposer l'intention, elles n'en existent pas moins, et sont établies par la doctrine et la jurisprudence ; nous mentionnerons ici les plus importantes.

1° L'exercice des droits politiques dans le lieu qu'on habite. Quoique le domicile politique puisse être séparé du domicile réel, il est le plus souvent au même endroit que ce dernier; il peut donc être une des circonstances de nature à le déterminer.

2º Le paiement de la contribution mobilière au lieu de l'habitation. Quoique cette circonstance ait beaucoup perdu de son importance sous ce rapport, par suite de la promulgation de la loi de 1831 sur les finances, elle peut néanmoins encore servir de preuve quant à l'intention d'une personne de fixer son domicile dans un lieu déterminé.

3º Le service de la garde nationale au lieu de l'habitation.

4º La comparution comme défendeur en matière personnelle ou mobilière principale devant le tribunal du lieu que l'on habite nouvellement, sans que l'on ait opposé le déclinatoire d'incompétence. Cette circonstance constitue un aveu tacite du changement du domicile.

. 5º L'inscription au rôle de la contribution personnelle au lieu que l'on habite, et la radiation de nom opérée au rôle de la commune que l'on habitait.

6º La durée plus ou moins longue de l'habitation.

7º Les indications de domicile constatées par des jugements aux qualités desquelles on n'a pas fait opposition, ou par des actes authentiques émanés de la personne elle-même, peuvent établir l'intention d'une personne d'avoir son domicile dans le lieu indiqué.

Les circonstances que nous venons de mentionner, sont celles qui sont le plus ordinairement de nature à faire supposer un changement de domicile, mais le juge peut encore prendre en considération toutes autres circonstances : il est absolument libre à cet égard.

La réunion d'un ou de plusieurs de ces faits n'est nullement exigée pour établir l'intention; l'absence d'un ou de plusieurs d'entre eux laisseront même encore le juge libre d'admettre qu'il y a changement de domicile. Lorsque les circonstances de nature à prouver l'intention de fixer le domicile dans un autre lieu se balancent avec celles qui semblent établir l'intention de conserver l'ancien domicile, nous pensons qu'il faudra de préférence admettre qu'il n'y a pas eu de changement.

La volonté de changer de domicile ne sera alors pas prouvée, et ne devra en règle pas se présumer.

CHAPITRE III.

Des effets du domicile.

Le domicile produit quatre effets principaux :

1° Il détermine le tribunal compétent, pour connaître des affaires personnelles ou mobilières de tout individu comme défendeur ;

2° Il détermine le lieu de l'ouverture de la succession,

3° Il fixe le tribunal qui doit connaître de la déclaration l'absence d'un individu ;

4° Il établit le lieu du paiement de la contribution personnelle.

SECTION PREMIÈRE.

DU DOMICILE QUANT AUX CITATIONS EN JUSTICE.

§ 1er.

Du domicile quant aux citations en justice de paix.

Le juge de paix a en matière civile deux espèces d'attributions bien distinctes ; il est ou juge contentieux, ou conciliateur entre deux parties sur le point de plaider ; cette distinction, qu'il est bon de mentionner, exerce une certaine influence sur sa compétence.

Le juge de paix comme juge contentieux, exerce à l'égard des parties, une véritables juridiction ; les règles générales sur la compétence lui sont donc applicables, la loi elle-même applique ce principe, et le domicile du défeneur en matière personnelle ou mobilière déterminera toujours quel est le juge de paix qui devra prononcer entre lui et la partie adverse, cette règle qui n'est qu'une application du principe *actor sequitur forum rei*, ne] reçoit exception que dans certains cas déterminés par la loi (art. 2 du Code de procédure civile).

Considéré comme conciliateur entre les parties, le juge de paix a un tout autre caractère ; il n'est plus juge contentieux, il n'a plus à rendre d'arrêt, ses attributions consistent simplement à tenter un rapprochement entre elles au moyen d'une transaction.

Le préliminaire de conciliation est obligatoire, les parties peuvent être citées de comparaître ; elles doivent être citées en matière personnelle ou réelle devant le juge de paix du domicile du défendeur.

Cette règle, posée par l'art. 50 du Code de procédure, est une exception aux principes généraux en matière de compétence ; car, en matière réelle, le juge compétent est toujours celui de la situation, et non celui du domicile du défendeur. Le motif de cette dérogation apparente s'explique parfaitement par la distinction que nous avons posée plus haut.

Le juge de paix n'a pas, en matière de conciliation sur affaires réelles, de jugement à rendre, ni de preuves à recueillir pour éclairer sa raison ; l'important pour lui est qu'il soit connu des parties, qu'il possède leur confiance, et sous ce rapport, le juge de paix du domicile du défendeur est dans des conditions beaucoup plus favorables que celui de la situation de l'immeuble.

§ 2.

Du domicile quant aux citations devant le tribunal de première instance.

Le domicile d'une personne détermine toujours quel est le tribunal qui doit connaître de ses affaires personnelles lorsqu'elle est défenderesse.

Ce principe énoncé par l'art. 59 du Code de procédure civile, est est une traduction de l'adage : *Actor sequitur forum rei.*

Les affaires personnelles sont toutes celles où le demandeur se présente comme créancier du défendeur, et allègue à son égard l'existence d'une obligation. Cette obligation peut résulter d'un contrat, d'un quasi-contrat, d'un délit ou d'un quasi-délit.

Le principe formulé par l'art. 59 du Code de procédure civile, peut, selon nous, également s'appliquer lorsqu'il s'agit de contestations mobilières, puisqu'en Droit français, la situation légale des meubles est toujours au lieu du domicile de celui qui les possède avec ou sans juste titre.

Les questions d'état se portent aussi au tribunal du domicile du défendeur, il est vrai qu'elles sont réelles; mais comme la loi n'a pas établi de for spécial où elles puissent être portées, on retombe sous l'empire de la règle générale.

Nous venons d'exposer quelles sont les actions qui doivent toujours être portées devant le tribunal du domicile du défendeur; outre ces actions, il y en a encore d'autres qui peuvent être portées devant ce tribunal : ce sont les actions mixtes. En matière mixte, le défendeur sera cité devant le juge de la situation, ou devant le juge du domicile du défendeur, porte l'art. 59, à l'alinéa 4.

Pour se faire une idée nette et précise de la valeur pratique de cette disposition, il faut établir ce qu'il faut entendre par matière mixte, par actions mixtes, dans le sens de cet article.

Les rédacteurs du Code de procédure, en formulant cette règle, nous paraissent s'être basés sur le § 20 du titre VI des actions au quatrième livre des Institutes.

Ce texte énonçait trois actions qu'il qualifiait de mixtes : l'action *familiæ herciscundæ*, l'action *communi dividundo* et l'action *finium regundorum*.

Ces actions étaient considérées comme mixtes par les rédacteurs du

S.   4

Code, parce qu'ils les regardaient à la fois comme réelles et personnelles ; comme réelles, parce que celui qui les intente dirige contre le défendeur une action en revendication ; comme personnelles, puisqu'elles naissent d'un engagement personnel imposé à chacun des défendeurs.

Sans admettre la vérité de cette interprétation du mot actions mixtes, nous pensons que c'était celle qui fut admise par les rédacteurs du Code qui ne faisaient en cela que suivre l'ancienne jurisprudence française.

Ce principe posé, nous allons voir de quelle application sera le § 4 en ce qui concerne chacune de ces actions.

L'action en partage entre héritiers, quoique mixte, ne sera pas soumise à l'application de cette disposition, puisque le § 6 de l'art. 59 du même Code et l'art. 822 du Code civil désignent comme tribunal compétent celui de l'ouverture de la succession.

L'action en bornage, quoique mixte, se portera toujours devant le juge de la situation de l'immeuble ; c'est un principe aujourd'hui universellement adopté.

L'action en partage d'une chose commune et indivise sera soumise à la compétence du § 4, toutes les fois qu'il ne s'agira pas de partager le fonds social d'une société, car dans cette hypothèse le tribunal compétent est celui du siége de la société.

En ne considérant comme mixtes que ces trois actions, la disposition de l'article ne recevrait donc son application que dans une seule hypothèse, ce que nous ne saurions admettre ; nous pensons qu'il y avait encore d'autres actions dans l'ancien Droit français que l'on devait considérer comme mixtes, et c'est à celles-ci que la disposition s'appliquera.

Ainsi, l'ancienne jurisprudence française, très-bien reproduite par Pothier, dont les ouvrages ont principalement guidé les rédacteurs du Code, considérait comme mixtes les actions qui se rattachent au contrat de vente, l'action en réméré (art. 1659), l'action en résolution

de vente pour non-paiement du prix (art. 1654), l'action en rescision
pour cause de vileté du prix.

Les nouveaux principes admis par notre Code relativement à la
transmission de la propriété par suite du contrat de vente, peuvent
faire encore considérer comme mixte l'action donnée à l'acheteur
contre le vendeur; cette action sera réelle lorsque l'acheteur agira
en revendication, et personnelle lorsqu'il intentera l'action en déli-
vrance.

Mais, pourra-t-on dire, chacune des ces actions est spéciale et dis-
tincte; elles ne forment pas une action unique, cela est vrai, mais il
n'en est pas moins certain qu'elles naissent du même fait, c'est-à-dire
de la vente, qu'elles compètent au même individu qui pourra inten-
ter l'une ou l'autre à son choix, et porter la contestation devant le tribunal, soit du domicile du défendeur ou de la situation de l'immeuble, selon l'action qu'il intentera; l'exercice de son droit, c'est-à-
dire son action, contre le vendeur pourra s'exercer de deux manières,
et sous ce rapport elle est mixte dans le sens de l'art. 59.

SECTION III.

DU DOMICILE QUANT AUX SUCCESSIONS.

Le second effet du domicile d'une personne est de déterminer le
lieu de l'ouverture de sa succession (art. 110 du C. civ.)

La succession est le patrimoine dn défunt et le représente, le lieu
de son ouverture doit donc être le domicile du défunt.

«L'intérêt des héritiers exigeait d'ailleurs la consécration de ce prin-
«cipe. Il importe à tous les intéressés de savoir précisément à quel lieu
«ils doivent porter leurs demandes; *portait l'exposé des motifs de ce*
«*titre*. Un homme peut mourir loin de chez lui; ses héritiers peuvent
«être dispersés; ces circonstances feraient naître de grands embarras,

«s'il n'y était pourvu par le moyen qui est en usage et qu'il a paru sage
«de maintenir.»

L'ouverture d'une succession peut donner lieu à trois classes d'actions bien distinctes :

1° Les actions entre cohéritiers relatives au partage;

2° Les actions des créanciers du défunt contre la succession;

3° Les actions relatives à l'exécution des dispositions à cause de
mort de la part des légataires.

Avant de porter leurs actions devant le tribunal, les parties doivent
chercher à s'entendre à l'amiable au moyen de la conciliation, et le
juge de paix compétent pour connaître de cette tentative de conciliation, est celui du lieu de l'ouverture de la succession, aux termes de
l'art. 50 du Code de procédure.

La compétence de ce dernier s'arrête au partage; il ne pourra, selon nous, connaître de la tentative de conciliation sur la demande principale en garantie intentée par l'un des héritiers contre ses cohéritiers,
ou sur la demande en rescision pour cause de lésion. Ces actions sont
purement personnelles, et la loi, n'ayant pas attribué la tentative de
conciliation y relative au juge de paix de l'ouverture de la succession,
on retombe sous l'empire de la règle ordinaire.

Lorsque la tentative de conciliation sur ces demandes a échoué,
elles devront être portées au tribunal du domicile du défunt qui sera
compétent non-seulement jusqu'au partage, mais qui le sera encore
pour connaître des demandes en garantie de lots intentées par l'un
des héritiers contre ses cohéritiers, ou des demandes en rescision de
partage (art. 59 du C. de pr. et art. 822 du C. civ.).

L'art. 59 du Code de procédure paraît n'étendre la compétence
du tribunal de l'ouverture de la succession que jusqu'au partage inclu-
sivement, tandis que l'art. 822 du Code civil le déclare encore compétent pour connaître des actions de garantie et en rescision qui ne
s'intentent qu'après le partage; mais nous ne pensons pas que le Code
de procédure déroge ici au Code civil : l'esprit de la loi et ses motifs
ne permettent pas d'admettre cette idée.

Le tribunal qui a connu des actions relatives au partage, qui a procédé à celui-ci, est le plus à même d'en connaître les vices et d'y remédier en prononçant sa rescision et en procédant à un nouveau.

Quant à l'action en garantie, elle naît de l'obligation de garantie établie entre les héritiers par suite du partage; il est donc tout naturel que ce soit le tribunal qui a opéré le partage, qui connaisse de l'action en garantie.

Le tribunal de l'ouverture cesse d'être compétent pour prononcer sur les demandes des créanciers et des légataires, lorsqu'il n'y a qu'un seul héritier, car il n'y aura alors plus lieu à partage; elles se porteront toujours devant le juge du domicile de l'héritier.

SECTION III.

DU DOMICILE QUANT AU TRIBUNAL QUI DOIT CONNAITRE DE LA DÉCLARATION D'ABSENCE.

L'absence est l'état d'un individu qui a disparu de son domicile, sans que l'on sache s'il est encore en vie.

L'incertitude de l'existence de l'absent, la nécessité de conserver ses biens, de veiller à ses intérêts et de protéger ceux de ses héritiers, exigent que l'on prenne certaines mesures; elles varient suivant la période de l'absence.

L'absence est ou présumée ou déclarée.

Lorsque l'absence n'est que présumée, l'on suppose que les chances de vie sont plus considérables que les chances de mort; aussi la loi ne dispose-t-elle pas durant cette période des biens de l'absent; elle ne peut que prendre des mesures pour leur conservation et leur administration.

L'autorité judiciaire est chargée de veiller aux intérêts pécuniaires de l'absent; pour déterminer sa compétence, il faut surtout s'attacher à l'intérêt bien entendu de l'absent, et à ce point de vue le seul tribunal compétent est celui de son domicile. Bien que la loi ne s'explique pas formellement à cet égard, nous pensons néanmoins que telle est la solution qu'il faut admettre. Le domicile d'une personne est le siége de ses intérêts civils, le lieu où elle a ordinairement sa fortune ; le tribunal le mieux à même d'apprécier les mesures qu'il convient de prendre pour la gestion de celle-ci, est donc nécessairement celui de ce lieu.

Lorsque l'absence s'est prolongée durant un certain laps de temps, les chances de vie contrebalancent les chances de mort ; c'est alors qu'il faut déclarer l'absence. Le tribunal compétent à cet effet est le tribunal du domicile qui, à raison de la connaissance qu'il a de la situation particulière de l'absent, de ses relations de famille, est le mieux à même d'apprécier la portée et le caractère véritables des motifs de l'absence.

SECTION IV.

DU DOMICILE RELATIVEMENT AUX IMPOSITIONS.

La contribution personnelle et la patente, en raison du motif qui les a fait établir, doivent être payées au domicile civil, qui est le siége des affaires d'une personne, le lieu d'où elle ne s'éloigne qu'avec l'intention d'y revenir.

DEUXIÈME PARTIE.

DU DOMICILE SPÉCIAL.

GÉNÉRALITÉS.

Nous venons de parcourir les règles posées par la loi quant au domicile général civil, dont l'unité a été consacrée par notre législation civile. Mais souvent il arrive que l'on puisse, pour l'exercice de certains droits ou l'exécution de certaines obligations, avoir un domicile particulier, que nous appellerons spécial, par opposition au premier.

Les divers cas particuliers où il peut y avoir lieu à un domicile spécial, dérivent de trois causes générales:

1º La loi assimile souvent pour des fins spéciales et particulières une simple résidence à un véritable domicile ; tel est le domicile spécial en matière de mariage.

2º Les parties, par suite d'une convention particulière, peuvent choisir pour l'exécution forcée d'un acte un domicile particulier.

3º Dans certains cas spéciaux les parties sont obligées de faire élection de domicile dans un lieu, en vertu de la loi elle-même.

En envisageant les causes d'où peut naître un domicile spécial, nous définirons celui-ci de la manière suivante :

«Le lieu où une personne est censée avoir, dans certains cas particuliers, son domicile, quoiqu'elle puisse ne pas avoir l'intention d'avoir dans ce lieu son domicile réel, fiction qui repose ou sur la loi, ou sur une élection soit volontaire soit forcée.»

CHAPITRE PREMIER.

Du domicile spécial quant au mariage.

Quand il s'agit du mariage, la loi a cru devoir établir un domicile particulier. «Le mariage, porte l'art. 74 dv Code civil, sera célébré dans la commune où l'un des deux époux aura son domicile. Ce domicile quant au mariage s'établira par six mois d'habitation continue dans la même commune.»

La seule résidence pendant un temps donné dans une commune suffit donc pour y acquérir le domicile du mariage; l'intention d'y fixer son principal établissement n'est pas exigée.

Le législateur, en dérogeant ainsi aux règles ordinaires du droit sur le domicile, a eu pour but d'assurer au mariage la plus grande publicité possible, car une résidence prolongée pendant un certain temps dans une commune est pour les tiers un fait plus connu, plus évident, que le domicile d'une personne; ils connaissent ainsi mieux le lieu où ils doivent faire leurs oppositions au mariage.

La personne qui aura abdiqué son domicile réel, et qui l'aura établi dans une commune où elle ne résiderait pas encore six mois à l'époque où elle s'y fiance, ne pourra célébrer son mariage que lorsqu'elle aura résidé six mois dans cette commune à moins que l'autre partie n'ait acquis dans une commune le domicile exigé par la loi.

Que faudra-t-il décider dans le cas où le domicile réel dans une autre commune aurait été conservé, et le domicile spécial exigé par l'art. 74 acquis dans un autre lieu : pourra-t-on célébrer le mariage aux deux endroits ?

Cette question présente de grandes difficultés; pour la résoudre il faut examiner si l'art. 74 du Code civil établit quant au mariage un domicile tout spécial, ou s'il confère simplement la faculté de se marier dans deux lieux différents.

La discussion du conseil d'Etat laisse des doutes sérieux à cet égard; mais en la rapprochant du texte même de l'art. 74, nous pensons qu'il faut admettre que le domicile déterminé par cette disposition législative est le seul où puisse se célébrer le mariage.

Le rapprochement des articles 165, 166 et 167, ainsi qu'un avis du conseil d'Etat du quatrième jour complémentaire de l'an XIII, confirment cette opinion. En résumé nous pensons donc que le domicile quant au mariage s'établit par six mois d'habitation continue dans une commune, et que si l'une des parties a conservé son domicile réel dans une autre commune que celle où elle a acquis le domicile quant au mariage, il devra en règle se célébrer dans la dernière commune; cependant les doutes qui existent sur cette question, les arguments puissants que réunit en sa faveur l'opinion contraire, ne nous permettent pas d'admettre d'une manière absolue que l'officier du domicile réel soit complétement dépourvu de compétence pour célébrer le mariage.

Les principes que nous venons d'exposer ne cessent de recevoir leur application qu'à l'égard des militaires en campagne, ceux-ci sont, quant à leur mariage, censés domiciliés au corps où ils se trouvent.

CHAPITRE II.

Du domicile spécial qui résulte d'une convention des parties.

§ 1er.

De la nature de l'élection conventionnelle de domicile.

Lorsque deux personnes désignent dans un acte le lieu où elles entendent que les poursuites relatives à l'exécution forcée d'une convention aient lieu, elles font ce qu'on appelle en Droit *une élection de domicile*.

L'élection de domicile est une clause accessoire d'une convention principale.

Ce double principe conduit à des conséquences importantes.

L'élection de domicile étant une véritable convention, exige pour son existence la réunion des quatre conditions requises pour celle de toute convention, ne produit d'effet qu'entre les parties contractantes, et est obligatoire quant à son exécution à l'égard des héritiers des parties.

Elle est une clause accessoire d'une convention principale et l'obligation qu'elle fait naître s'éteint toutes les fois que l'obligation qui résulte de la convention principale vient à s'éteindre.

§ 2.

De la forme de l'élection conventionnelle de domicile.

L'élection d'un domicile spécial pour l'exécution d'une convention est une dérogation aux règles ordinaires du Droit sur le domicile, elle a sa cause dans une convention des parties; elle doit donc dans tous les cas être expresse, et se trouver consignée dans l'acte instrumentaire qui constate la convention ou dans un acte postérieur. Elle n'est en règle pas tacite: ainsi l'indication d'un lieu pour le paiement d'une obligation ne prouve pas, sauf quelques cas exceptionnels, que l'on y ait élu domicile pour l'exécution forcée de cette obligation.

Toutes les fois que deux parties font élection de domicile dans un lieu, chacune d'elles doit indiquer une personne pour recevoir les significations et sommations relatives à l'exécution de l'acte : la personne désignée est un véritable mandataire pour la partie qui la choisit.

Le mandat ainsi conféré peut être révoqué par le mandant qui devra alors toujours notifier cette révocation à l'autre partie, sinon les actes signifiés à l'ancien mandataire seraient valablement signifiés : il peut finir de toutes les manières dont finit un mandat ordinaire; lorsqu'il prend fin par la mort du mandataire, ses héritiers doivent en donner connaissance au mandant et recevoir jusque là toutes les significations qui pourraient être faites.

Cette indication du nom et de la demeure d'une personne au domicile élu est inutile pour celle des parties qui y a son domicile réel, mais devient nécessaire toutes les fois que cette partie change de domicile, car l'élection faite en ce lieu continue à produire son effet quant à elle malgré ce changement.

§ 3.

Des effets de l'élection de domicile.

L'élection conventionnelle de domicile pour l'exécution forcée d'un acte, a pour effet de permettre aux parties de s'y signifier tous les actes relatifs à cette exécution forcée : ainsi elle les autorise à y signifier les actes de poursuites, et les jugements qui ont statué sur l'exécution. Elle est attributive de for, c'est-à-dire qu'elle rend le tribunal du domicile élu compétent pour connaître des différends qui s'élèvent quant à l'exécution forcée de l'acte.

Le domicile ainsi élu n'est censé l'être que pour l'exécution forcée proprement dite de la convention; on ne pourrait s'en prévaloir pour d'autres objets, d'où il suit : 1° Que l'élection de domicile ne peut attribuer compétence au tribunal du domicile élu pour connaître de différents relatifs au contrat, mais étrangers à son exécution forcée, et si par exemple une des parties, venant demander l'annulation du contrat pour cause de dol ou de violence, portait sa demande devant un autre tribunal que celui du domicile élu, la partie adverse serait non recevable à exciper du domicile élu pour décliner la compétence du tribunal où serait portée la demande en nullité.

2° Que le domicile élu pour l'exécution d'une obligation n'est pas censé l'être pour la signification du transport de celle-ci qui, en pareil cas, serait sans effet à l'égard du débiteur et des tiers.

3° Que l'élection de domicile n'est pas indicative du lieu du paiement, l'inverse de cette proposition est également vraie en matière civile; en matière commerciale, au contraire, l'indication du lieu du paiement constitue une véritable élection de domicile ; ainsi les poursuites relatives au paiement d'une lettre de change sont valablement signifiées au lieu indiqué pour le paiement de la lettre ; le tribunal de ce lieu est compétent pour en connaître.

La compétence particulière, attribuée au tribunal du domicile élu, laisse subsister celle du tribunal du domicile réel de la partie défenderesse, à moins que l'élection de domicile n'ait été faite dans l'unique intérêt du défendeur.

L'élection de domicile est irrévocable quand elle a été faite dans l'intérêt commun des deux parties; dans le cas contraire, la révocation peut avoir lieu que par la partie dans l'intérêt de laquelle l'élection de domicile a eu lieu.

CHAPITRE III.

DU DOMICILE ÉLU EN VERTU D'UNE DISPOSITION LÉGALE.

Dans certaines hypothèses spéciales, la loi elle-même ordonne l'élection de domicile dans un lieu déterminé pour faciliter la poursuite ou la réalisation d'un droit. Cette élection est soumise aux règles générales qui régissent l'élection conventionnelle de domicile; nous nous bornerons donc dans ce chapitre à indiquer les spécialités relatives aux pricipaux cas où la loi exige l'élection de domicile.

§ 1er.

De l'élection de domicile que doit contenir l'acte d'opposition au mariage d'une personne dans le lieu où le mariage doit être célébré.

Toute personne qui veut former opposition au mariage d'une autre, doit, dans l'acte d'opposition, faire élection de domicile dans la commune où la célébration du mariage doit avoir lieu ; cette élection est, ainsi que toutes les énonciations que doit contenir l'acte d'opposition, prescrite à peine de nullité (art. 176); elle est attributive de compétence, et est ordonnée dans l'intérêt de la partie sur qui l'opposition est formée pour la dispenser d'aller plaider au loin pour obtenir la main levée.

Cette élection de domicile devra avoir lieu dans la commene indiquée par les publications, comme devant être celle où se célébrera le mariage, et si les publications sont muettes à cet égard au lieu où la partie sur laquelle l'opposition est faite, a acquis le domicile spécial, requis par l'art. 74, et, pour plus de prudence aussi, au domicile de l'autre partie, lorsqu'il est différent.

§ 2.

De l'élection de domicile en matière hypothécaire.

Lorsqu'un créancier veut prendre une inscription hypothécaire, il est tenu de présenter ou de faire présenter au conservateur des hypothèques l'original en brevet ou une expédition authentique du jugement ou de l'acte qui donne naissance au privilége ou à l'hypothèque; il est tenu d'y joindre deux bordereaux qui doivent contenir certaines énonciations, entre autres l'élection de domicile de la part du créancier dans un lieu quelconque de l'arrondissement du bureau (art. 2148 du Code civ.).

Cette élection est exigée du créancier dans le double but de faciliter au débiteur les moyens d'arriver à la radiation ou à la réduction de son hypothèque et de permettre au tiers acquereur de faire à ce domicile élu les significations nécessaires pour arriver à la purge de son immeuble.

Le principe une fois posé, nous allons examiner si l'omission de l'élection de domicile dans le bordereau hypothécaire annule l'inscription prise en vertu de ce bordereau.

Pour résoudre cette question, nous allons examiner si l'énonciation en question est substancielle à l'inscription hypothécaire.

Cette question est vivement controversée, la Cour de cassation, par une jurisprudence constante et invariable, a jugé que l'omission de l'élection de domicile dans le bordereau entraînait la nullité de l'inscription ; la plupart des auteurs et la jurisprudence des Cours royales décident le contraire. Cette dernière opinion nous semble plus conforme aux véritables principes sur lesquels repose notre système hypothécaire.

Pour déterminer, si une énonciation doit être regardée comme substantielle à l'inscription, nous croyons qu'il faut examiner si elle est nécessaire pour garantir la spécialité et la publicité de l'hypothèque ; en se plaçant à ce point de vue, l'élection de domicile n'est nullement nécessaire et son omission ne saurait annuler l'inscription d'une hypothèque.

§ 3.

De l'élection de domicile que sont obligées de faire les parties qui plaident devant un tribunal de commerce dans le lieu ou siège ce tribunal, lorsqu'elles n'y sont pas domiciliées et qu'à la première audience il n'a pas été rendu de jugement définitif.

Les besoins du commerce, la rapidité de ses opérations exigeaient

une juridiction particulière, une procédure plus sommaire, qui per-
missent aux parties d'obtenir une solution plus prompte de leurs différends.

L'art. 422 du Code de procédure est une application de ce principe ; il prévoit l'hypothèse où les parties, à la premiere audience,
n'ont pas obtenu de jugement définitif, et exige, en pareil cas, que
celles qui ne sont pas domiciliées au lieu ou siége le tribunal, y fassent
une élection de domicile qui doit être mentionnée sur le procès-ver-
bal de l'audience; faute par elles de le faire, la loi fixe ce domicile au
greffe du tribunal.

Cette élection de domicile est exigée pour accélérer la décision de la
contestation en abrogeant les délais que pourraient exiger des com-
munications judiciaires faites au domicile des parties; elle a lieu toutes
les fois qu'il n'y a pas eu de jugement définitif, même quand ce dernier
n'aurait pas été rendu par suite d'incidents qui auraient nécessité un
renvoi devant le tribunal civil.

§ 4.

*De l'élection de domicile imposée au demandeur en matière commerciale dans le
lieu où se fait la signification d'un jugement par défaut prononcé à son profit.*

La procédure sommaire introduite devant les tribunaux de commerce
exige, comme complément nécessaire, que les parties puissent aussi exé-
cuter avec rapidité les jugements obtenus. L'art. 435 du Code de procédure démontre la vérité de cette proposition; il établit que tout jugement
par défaut sera exécutoire un jour après la signification et jusqu'à
l'opposition. En favorisant ainsi l'intérêt du demandeur, la loi n'a pas
oublié celui du défendeur : pour lui faciliter les moyens de faire opposition au jugement, ou d'en arrêter l'exécution par des offres réelles,
elle exige que le demandeur fasse élection de domicile dans la commune où se fait la signification de ce jugement.

Cette élection est indépendante de celle que le demandeur peut avoir faite en vertu de l'art. 422 : il ne pourra donc jamais se dispenser de la faire.

§ 5.

De l'élection de domicile en matière de saisie-arrêt dans le lieu de la demeure du tiers saisi (art. 559 du Code de proc.).

Tout créancier qui veut procéder à une saisie-arrêt doit, dans l'exploit de saisie, faire élection de domicile dans le lieu de la demeure du tiers saisi, s'il n'y est lui-même domicilié : cette élection de domicile est exigée du créancier pour faciliter une distribution de deniers mobiliers dans le cas de nouvelles saisies; elle doit toujours avoir lieu même dans le cas où l'acte, en vertu duquel la saisie est faite, contiendrait une élection de domicile pour son exécution forcée.

§ 6.

De l'élection de domicile que doit faire le créancier qui procède à une saisie-exécution dans la commune où doit se faire la saisie.

Le créancier qui veut procéder à une saisie-eéxcution, doit, dans le commandement de saisie, faire élection de domicile dans le lieu où doit se faire la saisie (art. 584).

Cette élection est établie par la loi en faveur du débiteur, pour lui faciliter la signification aussi rapide que possible des actes d'appel contre les jugements en vertu desquels la saisie a été faite, et pour lui donner le moyen d'y faire des offres réelles sans qu'il soit obligé d'aller les faire au domicile général du créancier, qui souvent peut être très-éloigné.

Lorsque la commune où est faite la saisie est celle du domicile du créancier, cette élection est inutile; elle ne devient nécessaire que lorsqu'il change de domicile : faute par lui de le faire, le saisi pourrait continuer à lui notifier valablement les actes relatifs à la saisie à son ancien domicile.

Le domicile élu dans ce cas n'a comme toujours d'effet qu'entre les parties; il est étranger aux tiers, ainsi le créancier saississant ne pourrait valablement y être assigné par un tiers qui se prétendrait propriétaire des meubles saisis, à moins qu'il ne s'agisse de créanciers exerçant une action du chef du débiteur saisi.

§ 7.

De l'élection de domicile en matière de saisie immobilière.

Toute saisie immobilière doit être précédée d'un commandement notifié au débiteur trente jours avant la saisie; il doit contenir les énonciations exigées par l'art. 673, parmi lesquelles on remarque l'élection de domicile que doit faire le créancier dans le lieu où siège le tribunal qui doit connaître de la saisie.

Cette élection est exigée pour donner au débiteur le moyen de notifier au créancier le plus rapidement possible ses oppositions à la saisie; elle n'est pas attributive de for, et on ne peut y signifier des offres réelles, ni des actes d'appel comme dans le cas précédent. La dénonciation de la saisie la fait cesser, et ce domicile élu est alors remplacé par le nouveau domicile élu chez l'avoué de la partie saisissante.

§ 8.

De l'élection de domicile qu'est obligé de faire le créancier qui veut exercer une contrainte par corps, dans le lieu où siége le tribunal qui doit connaître de la saisie, et de celle qu'il doit faire dans le lieu de la détention du débiteur, lorsque la contrainte est prononcée.

Lorsqu'un jugement ordonne la contrainte par corps, il doit être signifié au débiteur, à personne ou à domicile, avec commandement.

Cette signification se fait par un huissier, commis par le jugement ou le président du tribunal de première instance; elle doit contenir élection de domicile de la part du créancier dans la commune où siège le tribunal qui a rendu le jugement : cette élection faite dans l'intérêt unique du débiteur ne peut profiter à d'autres personnes.

Lorsque le tribunal qui a prononcé la contrainte par corps ne peut connaître de l'exécution de ses jugements, quand c'est, par exemple, un tribunal de commerce, l'élection de domicile doit être faite dans le lieu où siège le tribunal qui doit en connaître.

L'élection ainsi faite cesse par l'emprisonnement du débiteur; elle est remplacée par une élection de domicile dans le lieu où le débiteur sera détenu, à moins qu'il ne le soit dans la même commune où siège le tribunal qui a prononcé la contrainte par corps.

DROIT COMMERCIAL.

Des actes conservatoires que sont tenus de faire les syndics des faillites, et particulièrement de l'inscription qu'ils doivent prendre au nom de la masse des créanciers sur les immeubles du failli.

PREMIÈRE PARTIE.

Notions générales.

Le commerce, source de richesses pour les individus qui s'y livrent, ne peut exister qu'avec le concours de certains éléments, parmi lesquels le crédit est le plus important; il donne au commerçant les moyens de se procurer les capitaux qui lui manquent, et dont il a besoin pour les operations auxquelles il se livre.

La confiance dans la solvabilité du commerçant est la condition d'existence même du crédit; pour l'inspirer il fallait lui donner le plus de garanties possibles, et atténuer l'action des causes qui peuvent l'ébranler et qui ne se produisent que trop fréquemment. Des crises subites, l'imprudence, quelquefois la mauvaise foi du commerçant, le font manquer à ses engagements : la vue de ses malheureux créanciers exposés à perdre leur fortune est un fléau mortel pour le crédit du commerce.

Impuissante le plus souvent à empêcher ces malheurs, la loi commerciale a cherché à en atténuer les effets au moyen des dispositions spéciales sur les faillites.

La loi du 28 mai 1838, en développant dans un système savant et ingénieux les règles à suivre en cas de faillite, a eu principalement pour objet de diminuer les pertes des créanciers en tirant le meilleur parti possible de l'actif du failli.

Pour réaliser ce but, elle réunit les créanciers de la faillite dans une espèce de personne morale représentée par les syndics; gérants de la faillite, et chargés de veiller aux intérêts communs des créanciers; ils doivent chercher à assurer la conservation de tous les droits et biens du failli : ce sera donc à eux à faire les actes conservatoires.

Nous entendons par là tous les actes qui ont pour objet d'empêcher soit l'extinction soit le dépérissement d'un droit, et d'en assurer l'efficacité et la réalisation *(Thieriet,* Dissertation sur la matière, insérée dans le mémorial du commerce, année 1847).

Une section particulière du Code de commerce établit dans une seul article les mesures conservatoires les plus importantes que doivent prendre les syndics de la faillite.

L'article 490 qui est le siége de notre matière, débute par une disposition d'après laquelle les syndics tant provisoires que définitifs doivent faire tous les actes nécessaires pour la conservation des droits du failli contre ses débiteurs; cette disposition, quoique générale, ne l'est pas assez, car les syndics doivent faire également tous les actes nécessaires pour conserver les droits de la masse contre le failli. Nous diviserons donc en deux classes les actes conservatoires que doivent faire les syndics; dans la première, nous rangerons les actes qui ont pour objet la conservation des droits du failli contre des tiers; dans la seconde, les actes conservatoires des biens et droits appartenant au failli de la part de la masse.

DEUXIÈME PARTIE.

Des actes qui ont pour objet la conservation des droits du failli contre des tiers.

Les actes de cette première catégorie ont pour objet l'exercice de tous les droits que le failli pourrait avoir contre des tiers; ainsi les syndics doivent demander le paiement des lettres de change et billets à ordre dont l'echéance est arrivée, protester en cas de refus de paiement, et exercer leurs recours contre les garants dans le délai voulu, ils doivent également interromprè les prescriptions qui pourraient courir contre les créances dues au failli.

Enfin l'article 490, al. 2, ordonne aux syndics de prendre inscription hypothécaire sur les biens des débiteurs du failli.

La loi prévoit ici l'hypothèse où le failli avait contre un débiteur un droit d'hypothèque qu'il avait négligé de rendre efficace par l'inscription : elle ordonne en pareil cas aux syndics de prendre l'inscription; cette obligation des syndics s'étend même aux hypothèques légales; quoiqu'elles n'aient pas besoin d'inscription pour être efficaces, il est dans l'esprit de la loi qu'elles soient inscrites.

L'inscription hypothécaire dont nous nous occupons est prise par les syndics au nom de la masse; elle profite aux créanciers lorsque la faillite se termine par l'union et au failli lorsque, par suite d'un concordat, il est replacé à la tête de ses affaires.

TROISIÈME PARTIE.

Des actes conservatoires qui ont pour objet la conservation des biens et droits appartenant au failli de la part de la masse.

Les actes conservatoires qui rentrent dans cette catégorie sont très-nombreux. Ainsi le juge commissaire de la faillite, ou à son défaut les syndics devront requérir l'apposition des scéllés pour empêcher la distraction d'aucun des objets de la masse ; après leur nomination, les syndics feront procéder à l'inventaire des objets de la masse à mesure que les scéllés seront levés (art. 455, 457, 458, 468, 479) ; ils devront également procéder à l'ouverture des lettres du failli (art. 471), à la vente immédiate des objets sujets à un dépérissement prochain, à une dépreciation imminente, et dont la conservation serait trop dispendieuse (art. 469 et 470). Le recouvrement des dettes actives du failli (art. 471 et 485), l'opposition au paiement des lettres de change ou billets à ordre échus à son profit (149 et 187), seront également des actes conservatoires du ressort des syndics.

A coté de ces actes il en est un que la loi considère comme éminemment conservatoire, puisqu'elle le place sous la rubrique de la section IV ; le troisième alinéa de l'article 490 porte :

« Ils seront tenus aussi de prendre inscription au nom de la masse des « créanciers sur tous les immeubles du failli dont ils connaîtront l'existence. »

Cette inscription ne constate pas un droit d'hypothèque antérieur à la faillite, mais un droit né du jugement déclaratif de faillite lui-même ; elle doit être prise par les syndics sur tous les immeubles du failli dont ils connaîtront l'existence ; l'hypothèque qu'elle constatera sera donc judiciaire et spéciale, et sera sous ce rapport d'une nature toute particulière : elle aura comme toutes les hypothèques rang du jour de son inscription qui est reçue sur un simple bordereau relatant les biens sur lesquels il faut prendre inscription ; ce bordereau devra également énoncer qu'il y a faillite et relater la date du jugement qui nomme les syndics.

Examinons maintenant l'utilité que peut avoir cette inscription hypothé-caire pour les créanciers de la masse.

Pour résoudre cette question, nous allons successivement examiner les effets que produit l'hypothèque en général ; ils sont au nombre de deux : droit de suite et droit de préférence.

1° Droit de suite. Sous ce rapport, l'hypothèque du Code de commerce ne présente aucune utilité : il ne peut se réaliser ni recevoir d'application, puisque le failli est dessaisi de l'administration de ses biens et ne peut plus en disposer ; ils sont entre les main des syndics qui doivent, le cas échéant, en poursuivre la vente (art. 443, 571 et 572).

2° Droit de préférence. Ce droit ne peut pas recevoir d'application puisque les hypothèques constituées antérieurement à la faillite priment celle qui naît du jugement déclaratif de faillite, et que les créanciers chirographaires de la faillite transformés en hypothécaires par cette inscription, restent égaux et ne peuvent par elle acquérir de préférence les uns sur les autres.

En dernière analyse, il n'y a qu'une inscription collective qui profite égale-ment à tous les créanciers et les laisse placés sur la même ligne, de sorte qu'ils partagent entre eux au marc le franc les prix des immeubles sous le nom de créanciers hypothécaires.

Jusqu'ici l'hypothèque ne produit donc aucun effet. Pour expliquer les motifs de cette inscription, M. Pardessus prétend qu'elle est destinée à ren-dre plus notoire l'état de faillite ; cette explication ne nous semble guère ad-missible, puisque la notoriété est bien mieux établie par les modes de pu-blications exigés par la loi, et que d'ailleurs personne n'ira au registre des hypothèques pour voir si telle ou telle personne est ou non en faillite.

L'utilité de cette hypothèque est nulle tant que dure le régime de la fail-lite ; pour la trouver, il faut se porter aux temps où ce régime aura cessé : il peut, d'après notre nouvelle loi de 1838, finir de trois manières, par l'union, par la clôture des opérations pour insuffisance d'actif, et par le concordat. Dans le cas d'union, l'hypothèque ne produira aucun effet, puisque tous les biens du failli sont vendus ; il en sera de même , le plus souvent dans le cas de clôture des opérations pour insuffisance d'actif ; dans le cas de concordat, au contraire, la position sera toute différente.

Le concordat fait cesser le régime de faillite ; par lui le failli ressaisit l'administration de ses biens et redevient capable de s'obliger et d'hypothéquer ses biens ; mais les nouvelles hypothèques constituées seront primées par l'hypothèque née de la faillite qui aura rang du jour de son inscription et qui aura été conservée par l'homologation du concordat. Les créanciers de la faillite qui y sont tombés comme chirographaires, en sortent hypothécaires et gagnent ainsi en solidité ce qu'ils perdent en étendue.

Malgré ces considérations si simples et si naturelles, la jurisprudence a cependant singulièrement erré sur ce point.

Ainsi, un arrêt du 20 août 1832 de la Cour de Bourges a décidé que l'inscription prise par les syndics n'est qu'un moyen de publicité pour la faillite, et n'est nullement constitutif d'un droit d'hypothèque.

Un arrêt de la Cour de cassation du 22 juin 1841 a décidé que l'inscription prescrite par le Code de commerce, ne résultant pas d'un droit hypothécaire antérieur, ne peut nuire aux créanciers hypothécaires, même postérieurs.

Ces arrêts, rendus par application du Code de 1807, sont encore aujourd'hui parfaitement applicables, car la nouvelle loi n'a, quant au point qui nous occupe, introduit aucun changement ; mais la doctrine qu'ils consacrent est entièrement inadmissible, car il n'y a pas d'inscription hypothécaire sans hypothèque préexistante, et il n'est pas vrai de dire qu'ici l'inscription manque de base : le droit d'hypothèque est constitué par le jugement déclaratif de faillite, et ce qui le prouve, c'est l'art. 517 qui, en disant que l'homologation du concordat conserve aux créanciers l'hypothèque inscrite par les syndics, prouve implicitement que cette hypothèque existait. On ne conserve pas ce qui n'a jamais existé.

Il est donc évident aujourd'hui que l'hypothèque inscrite en vertu de l'art. 490, peut présenter, en cas de concordat, un véritable avantage aux créanciers de la faillite, il se manifestera surtout dans le cas d'annulation ou de résolution du concordat; c'est alors que le droit de préférence assuré aux créanciers de la faillite, pourra se réaliser, car ils primeront en pareil cas tous ceux avec lesquels le failli aura pu contracter depuis qu'il a été replacé à la tête de ses affaires.

Lorsque le concordat aura stipulé renonciation à l'hypothèque, l'inscription prise par les syndics, quoique non radiée, sera nulle et les créanciers ne pourront s'en prévaloir pour primer ceux avec lesquels le failli aura pu contracter depuis l'homologation du concordat jusqu'à sa résolution, car l'inscription ne crée pas un droit d'hypothèque, elle le rend seulement efficace aux regards des tiers; or, du moment que ce droit n'existe plus par suite d'une renonciation, l'inscription ne saurait plus avoir aucun objet.

FIN.